Stefan Koppermann

Ins Nachtgrau

Stefan Koppermann

Ins Nachtgrau

Gedichte

Umschlagentwurf: Stefan Koppermann
Herstellung und Verlag:
Books on Demand GmbH, Norderstedt
Coverphoto: Koboldmakis, Philippinen
ISBN-13: 9783837044362
www.stefankoppermann.de

VERGESSEN

O, wenn ich sprachlos
Bliebe, so wie heute.
Über mich wüchse das Moos
Und vergessen wäre ich, ihr Leute.

IM DSCHUNGEL

In der Grüne Atmung schwer
Fällt die Einsicht leicht,
Dass Stahl der Fäulnis weicht
Und Wasser fließt zum Meer.

Hoch am Hügel goldner Tempel
Zikadengesang im Wald
Der Ewigkeiten Stempel,
Wie es rauscht und schallt.

Am Felsen leckt die See
Und leckt und leckt und leckt.
Im Dschungel steht ein Reh
Von Dunkelheit bedeckt.

In der Nacht die Sterne funkeln.
Ein Stern fällt in den Sand.
Im Urwald die Tiere munkeln.
Du gibst mir deine Hand.

TÖLPEL

Der Tölpel auf dem Baumstumpf
War umgeben von der Flut.
Die Wühlmaus suchte im Sumpf.
Das Wetter ist gut.

VENEZIANISCHES GONDELLIED

Gondeliero: Ich hab` die Faxen dick
Vom Gondel fahren.
Die Signora findet`s chic.
Doch in mir die Pilze garen.

Fahrgast Guste: Der Gondelmann
Hat wirklich `nen Knackpopo.
Er mir singt: Mann , o, Mann
Und: Wo ist hier das Klo?

Gondeliero: Heut` hab` ich den Kanal voll!
Mir die Häuser schwanken.
Die Signora findet`s toll.
Ich spuck` gleich auf die Planken.

Fahrgast Guste: Mich juckt es in der Seele
Nach so viel Lustgewinn .
Überall die großen Pfähle.
Wo ist da der Sinn?

Gondeliero: Ich hau` ab noch heut`!
Nach Bangkok, nach Paris.
Da grüssen mich die Leut`.
Gondel fahren macht nur mies!

GEDICHT MIT DEM TROLL

Was mich bewegt in diesen Tagen,
Das bringe ich zu Papier.
Ein illustres Worte jagen.
Ein Spiel im Jetzt und hier.

Vieles wurde schon geschrieben.
Vieles wurde schon gedacht.
Weniges ist bis heut` geblieben.
Das Meiste liegt in dunk`ler Nacht.

Ja, genau in so einer Nacht
Kam zu mir ein Troll,
Der tanzte und sang:
Das Leben hat Pracht.
Das Leben ist voll.
Es ist voll Überschwang!

SPRUCHLIED

Wo bist du jetzt?
Das frag` ich mich stur.
Wo warst du zuletzt?
So geht das in einer Tour.

TOTENLIED

Einfach mal reden
Und Quatsch machen,
Dafür haben die Leute keine Zeit.
Sie liegen in Fehden,
Erledigen unheimlich wichtige Sachen
Am Grab erst verstehen sie ihr Leid.

MAIFEST

Mareike richtet aus ein Fest
Im schönen Monat Mai.
Willkommen in ihrem Nest.
Wir feiern, eins, zwei, drei.

Die Lerche in den Himmel steigt.
Der Flieder steht in Flammen.
Der Spielmann seine Fidel geigt.
Juchei, wir kommen zusammen.

Die Nachtigall, o Wunder!
Sie singt im Buchenwald.
Sie singt auf dem Holunder,
Dass es nur so lieblich schallt.

TAGELIED

Der Liebe garstig Band
Mich gefangen hält.
Es läuft von Land zu Land
Und um die ganze Welt.

ZIRKUS

Das Leben - ein Karussell?
Daneben steht die Achterbahn.
Mir juckt schon wieder das Fell.
Wer fühlt mir auf den Zahn?

Die Manege ist bunt geschmückt.
Man lässt den Tiger frei.
Das Publikum ist verzückt.
Eine Schöne ist auch dabei.

Aus dem Hut zaubert man Tauben.
Ein Raunen und die Kinder staunen.
Der Harlekin will uns verschrauben,
Mit seinen kapriziösen Launen.

Die Liebe-ein Karussell?
Einen Zirkus machen die Leute darum.
Hier und da scheint hell
Ein Lächeln im Universum.

TRAUM

Der Traum des Poeten
Schön und kühn im Ganzen.
So, wie Sylvesterraketen,
Die um den Mond tanzen.

NEULICH

Alles kann, nichts muss...
Das sagst du mir im Vertrauen
Und ich frag` mich, was soll es bedeuten?
Ich denk` immer nur: Kuss, Kuss.
Ja, so geht mir das bei den Frauen...

KARIBISCHER SOMMER

Die lumpige Katze neben mir
Zerbeißt der Ratt` das Köpfchen,
Dass es man nur so knackt.
Sie ist so gierig, so wild, das Lumpentier.
Wir sitzen mit einem edlen Tröpfchen
Daneben, bis eine Creolin fast nackt
Entlangkommt am abendlichen Strand.
Sie lacht von weitem ihr Elfenbeinweiß.
Sie ist jung, schön und ohne Tand.
Ja, so ein karibischer Sommer ist heiß.

FREIHEIT

Selbst der stärkste Baum
War einmal ein kleiner Samen.
Selbst der schönste Traum
Geht zu Ende, meine Damen.

LIEBESTOD

Dass Liebe sterben kann,
Ist allgemein bekannt.
Ob Frau oder Mann,
Niemand hat es in der Hand.

Du kannst bangen und hoffen
Oder es einfach lassen.
Dann schauen die Leut` betroffen
Und können es nicht fassen.

Du wirst dich nach ihr sehnen,
Wenn sie Dich in Stich lässt.
Wenn andere laut gähnen,
Stehst du noch auf dem Fest.

CARMEN

Du packst die Badesachen
Und gehst ans Meer.
Dir ist heut` zum Lachen.
Ja, zum Lachen ist dir sehr.

Den Bikini du häkelst
Selbst in Winterstunden,
Doch nun du dich räkelst
In ihm, wie gefunden.

Da liegst du auf deinem Batiktuch
Und träumst mit dem Wind
Von Männerbesuch.
Ja, so die Träume sind.

Die Welt ist schön im Warmen.
Die Leute dich verehren.
Eine Frage nur, Carmen:
Was weckt dein Begehren?

MACHT UND POESIE

Macht ich genieße,
Sagst du nicht ohne Spitze.
Öl ich Ihnen ins Feuer gieße,
Damit sie brennen in jeder Ritze.

Mein Leben heißt: Geld und Macht,
Sagst du voll Inbrunst.
Du lebst zwischen Tag und Nacht.
Brotlos deine Dichterkunst.

Herrschen, wie ein Kriegsgott,
Davon träumst du in einem fort.
Mir bleibt der Leute Spott.
Doch bei dir denken sie an Mord.

ABEND

Der Tag geht zu Neige
Und das - ohne Reue.
Jetzt kommt Stille - schweige
Und erlebe die Bläue.

Wer konnte jemals halten
Auch nur eine Stunde.
Wie suchen, träumen, walten.
Ein Ach aus Deinem Munde.

So gib mir doch Halt,
Wenn auch nur in Deinen Träumen.
Die Wurzel in dem Spalt
Wird einst den Fels umsäumen.

SILKE

Ich soll Porsche fahren
Und dichten, wie Rilke.
Keine Schulden machen, sparen.
Das sagt: Silke

Hintergründige Gespräche führen
Will sie: vor Allem Humor.
Das Kribbeln spüren,
Wenn ich lutsch` an ihrem Ohr.

Ich soll einen Willen haben
Und doch keinen.
Ihr nachtraben.
Im Kino vor allem weinen.

Ich soll mich ordentlich pflegen
Und der größte Liebhaber sein.
Bei ihr keinen Argwohn hegen.
O Silke, du bist hundsgemein.

BRÜCKEN

Montag - steh` am Hähnchengrill.
Die Jungs witzeln.
Andere essen still.
Mich Regentropfen kitzeln.

Wohin werd` ich meine Brücken schlagen?
Das frag` ich mich im Regen.
Madame, darf ich es wagen
Meinen Arm um Sie zu legen?

So tönen immer wieder meine Gedanken,
Wenn ich in der Straßenbahn sitz`.
Hier eine Schöne, dort die Kinder zanken.
Hinaus treibt`s mich, da zuckt ein Blitz.

Dienstag - steh` am Hähnchengrill.
Die Jungs witzeln.
In diesen Tagen ist es still.
Das weiß ich zu kritzeln.

IM MOMENT

Ein Stück heile Welt
Sind kaputte Socken.
Einen Glanz enthält
Die Sonne in deinen Locken.

Die Leute reden viel.
Tote bleiben stumm.
Sie haben kein Ziel.
Verachtung ist dumm.

Im Moment noch die Wahl
Haben die jungen Frauen.
Doch auch das wird einst schal,
So dass sie daran kauen.

LIEBESBRIEF

Ich schrieb dir diese Zeilen,
Um dich anzuflehen:
Willst du bei mir verweilen
Oder willst du fortgehen?

Du redest vom Frühlingserwachen,
Von sommerlichen Liebkosen.
Noch heut` höre ich dein Lachen.
Noch heute Stürme tosen.

Mein Herz wehte hinaus,
Wie ein Blatt im Wind.
Es suchte sich ein neues Haus.
Es suchte völlig blind.

Mein Herz, das wehte fort.
Ich stand da und schaute.
Es war längst an einem anderen Ort,
An dem der Himmel blaute.

KETTENHUND

Dir schmeckt Menthol,
Hast ihn schon im Mund,
Nennst mich: Pirol,
Mein Kettenhund.

Ich warte auf die Krumen
Die von deinem Tischtuch fallen.
Auf dem Tisch die Blumen.
Da, nimm sie in die Krallen.

Dir schmeckt Menthol,
Hast ihn schon im Mund.
Was nennst du hohl
Ist nun wirklich nicht gesund.

FLUCH

Gib dem Hund den Knochen
Mit deiner schönen Hand.
Du hast dein Wort gebrochen
Und stehst nun in fremdem Land.

Ich warte hier im düst`ren Tal
Auf Licht, auf den Regenbogen.
Deine Worte werden zur Qual.
Sie schaukeln in den Wogen.

Gib dem Hund den Knochen
Hinunter vom Tischtuch.
Lass das Unterjochen.
Lass los von diesem Fluch.

NADELKISSEN

Bist Du ihr Nadelkissen
In stürmischen Stunden?
Schon halb zerschlissen.
Schon halb zerschunden.

Bist Du der Hund
Mit wölfischen Gedanken,
Mit dem Tigerschlund,
Mit den Tigerpranken.

Bist Du ihr Nadelkissen,
Ihr Puppentiger.
So wild und gerissen.
Ihr Eisenbieger.

BLUE BAJOU

Hitzige Asphaltierung
Wütende Karossenflut
Goldene Verzierung
Permanente Herzensglut.

Drachen, grünlich und fett
Sich auf ihrem Popo räkeln,
Schauen mich an so nett,
Als würd` ich Topflappen häkeln.

Wir schwitzen im Gerangel.
Hier die Zunge in ein Ohr.
Lee hat mich an der Angel.
Verfall`ne Welt, verfall`nes Flor.

Ihre Hände, meine Hände
Suchen, finden, vereinen.
Diese Liebe dreht ohne Ende.
Himmlisch soll man meinen.

BLUE BAJOU2

Im Fluss, da springen die Fische.
Hunde, die kläffen dazu.
So ist die Heimat.
Udo träumt von einer Ische
Und fliegt nach blue bajou.
Vorsicht, ein Gewitter naht.

GROßE WELT

Ein Hund, wer gegen Bäume pisst.
Ein Löwe kackt im Freien.
So ist das eben.
Was habe ich Dich vermisst.
Da half mir auch kein Schreien.
Was du willst, ist große Welt erleben.

UMARMUNG

Du fliehst meinen Blick,
Hörst nicht mein Flehen,
Gehst deiner Wege.
Manche nennen es Ungeschick.
Andere reden von Missverstehen.
Ist das nicht irgendwie schräge?

EISERNER AUGUST

Golden weht dir dein Haar
Um die Sommersonne.
Kühn dein Blick das Ufer sondiert.
Im Grün der Wind sogar
Kräuselt auf die Wonne,
Die vom Bauch her regiert.

Unter Linden die Süße der Luft.
Trunken atmest du sie ein.
Dein Kopf in den Nacken schnellt.
Die Sinne betäubt vom Duft
Fordern Berührung ein.
Ja, das ist das, was dir gefällt.

TAGELIED NR. 2

Roter Löwe, gelber Mond
Und die weite, blaue See.
In die die Sterne versinken.
Meine Liebe -unbewohnt.
Unsere Herzen im Sommerklee.
Im Sommerklee Dein Schinken.

TAGELIED NR.3

Mir fehlen die Worte
Für dieses Rendezvous.
Ob hier, oder aller Orte
Was zählt, bist du.

KÜCHENSCHABE

Dein Getue und Gehabe
Von wegen großer Welt...
Der Tanz der Küchenschabe
In Unterbirkenfeld.

LEUTE

Deine Küsse im Elfenwald
Schmecken nach Erde-tief
Und nach buntem Sommerwind.
Sie gaben mir Halt,
Als ich zu Stadt hinaus lief.
Da, wo die Leute sind.

FAIBLE

Im Tal der weiße Nebel.
Hoch darüber der goldene Mond.
Du bist der Faible,
Der mein Herz bewohnt.

GELD UND LIEBE

Er sprach mit einem Lächeln:
Es geht Ihnen nur ums Geld!
Alles andere ist Transfer.
Sie gierig danach hecheln
Im Bausch und Bogen und dann fällt
Die Eine über die andere her.

SAUSE

Meckern, mäkeln, maulen
Das machst du immer zu.
So wirst du mich vergraulen.
In deiner Welt ist keine Ruh`.

Gib mir ein Stück von deiner Gunst.
Gib mir einfach eine Pause.
Ich komme sonst um in dem Dunst.
Alles, wovon ich träume, ist eine Sause.

Schatz, ich hole eben Zigaretten
Und ab geht`s in die Ferne.
Ich könnt` darauf wetten;
Draußen funkeln schon die Sterne.

WIDERHAKEN

Du hast mich zappeln lassen,
Wie den Fisch an der Angel.
Ich konnte es nicht fassen.
Du warst der Widerhaken im Gerangel.

Wann habe ich dich bloß verschluckt?
Das frage ich mich immer wieder.
Ich hab` doch nur geguckt
Auf dein geblümtes Mieder.

Es ging alles so verdammt schnell.
Ich glaubte schon an ein Wunder.
Gut. Mir juckte das Fell,
Aber ich bin deswegen doch keine Flunder!

AN DER STANZMASCHINE

Das Mädchen Lilly Schnittlauch
Kann tanzen.
Das kann Billy auch.
Doch der muss stanzen
An der Maschine
Tagein, tagaus.
Dabei denkt er: Kleine Biene,
Kleine, süße Maus.

Das Mädchen Lilly Schnittlauch
Kann singen.
Das kann Billy auch.
Doch er muss ringen
Um sein täglich` ach und weh.
Und dabei träumt er, wie es wäre
Mit der Lilly an der See.
Mit der Lilly auf der Fähre.

IM MÄRZ

Meine Gedanken schleifen
Erdschollengleich aneinander,
Übereinander bis sie reifen
Am letzten Orinoco - Mäander.
An dem Meerbusen, im Garten
Die Früchte, ob süß, ob sauer.
Im Regen steh`n die Leute, warten.
Andere liegen schon auf der Lauer.

FEHDELIED
(für Arthur Schopenhauer)

Das Schicksal mischt die Karten
Und wir spielen.
Nichts kannst Du erwarten.
Nichts erzielen.

Verbitterung wird sich eingraben
In Dein Spiegelbild.
Konvention ist leicht zu haben.
Liebe aber ist wild.

Was bleibt in einem Leben
In dem der Betrug regiert?
Getäuscht und gelogen - eben
Bis die Achtung gefriert.

Die Fehden im Stillen
Um Sex, Macht, Freiheit
Beherrschen den Willen.
Beherrschen unsere Zeit.

MONSUN

In Nebelschwaden
Wander` ich umher.
Blitze sich entladen.
Donner rollen schwer.

Mit dir dachte ich nun,
Werd` ich`s endlich packen.
Doch auch das verging...
Im schwül-heißen Monsun
Rollten mir die Tropfen in den Nacken.
Das Hemd mir nass am Körper hing.

KIRSCHEN

Da liegen sie nun in der Kiste
Die rot - reifen Kirschen.
Genau auf der Piste,
Wo sonst die Leute zerknirschen.

So süß sie da prangen
In der Sommerschwüle.
So heiß deine Wangen
Im nächtlichen Gewühle.

O, du süße rot - reife Kirsche
Dich möcht` dich vernaschen!
Mir ist`s dabei, wie dem Hirsche,
Der das Reh möcht` erhaschen.

TAGELIED NR.4

Auf dich trinke ich einen Raki
Und das mit großem Appetit.
Ich nenne dich: Koboldmaki.
Nun spring` durch jedes Lied.

MOND

Dieses Haus ist unbewohnt.
Die Ruine da aber lebt.
Überm Geäst der goldne Mond.
Eine Wolke darüber schwebt.

VOM VERFEHLTEN LEBEN

Das ganze Gerede und Getue
In den weiten Markthallen
Lässt mich völlig kalt.
Ich schätze die Ruhe,
Wenn Ruinen verfallen
Und gehe in den Wald.

MEIN AUFTRAG

Ich soll dich versorgen,
Dich auf Händen tragen.
Dir die Sterne vom Himmel pflücken.
Dir jeden Cent borgen
Und dich immer fragen,
Ob dir juckt der Rücken.

MANN UND FRAU

Ein Mann, wie ein Fluss.
Eine Frau, wie ein See.
Das Eine man wissen muss:
Das gibt viel weh, weh.

Ein Mann, wie ein Blitz.
Eine Frau, wie ein Baum.
Das ist kein Witz.
Das ist kein Traum.

Ein Mann, wie ein Stift.
Eine Frau, wie ein Gedicht.
In der Liebe steckt Gift.
Einfach ist es also nicht.

IN DEUTSCHLAND

Wir waren alle heimatlos
Und das inmitten der Heimat.
In den Wäldern wuchs das Moos
Und auf den Äckern die Saat.

In den tiefen Winterstürmen
Haben so manche gerungen.
Sie heute noch türmen
Von Nebelschwaden umschlungen.

Doch ein Keimling griff in die Krume
Mit zarter Wurzel in den Sand.
In der Ruine blühte auf eine wilde Blume
Und das alles passiert in Deutschland.

IM RHEINTAL

Im Sand verlaufen
Hat sich deine Spur
Und schaue ich in die Ferne,
Seh` ich Rot und Grün in Schlaufen,
Seh` ich die Natur,
Sehe ich das Funkeln der Sterne.

Bunte Wagen unten am Strand.
„Zirkus", rufen die Kleinen
Und die Grossen sitzen an der Promenade.
Und die Grossen sitzen im Sand.
Sie reden, sie tun, sie meinen.
Ein Dampfer kommt hinauf gerade.

DELTA

Alles strebt zum Delta hin.
Auch das bunte Herbstlaub,
Das lustig weht ins Land.
Und so weht auch mir der Sinn,
Wie der lockere Uferstaub
Wirbelnd über den Sand.

TAL

Das Tal erstrahlt in nächt`gen Glanz
Der weit verstreuten Lichter.
Die Leute gehen zum Tanz.
Im Dunkeln sitzt der Dichter.

Hier und da ein Auto fährt
Gar lustig über Land.
Das Mädchen ihren Mann verehrt
Und reicht ihm brav die Hand.

Ein Flieger kehrt zur Landung heim
Und schneidet blinkend den Eichenwald.
Er fliegt von Reim zu Reim
Und über den Asphalt.

Das Tal erstrahlt im nächt`gen Glanz
Der weit verstreuten Lichter.
Das Mädchen und der Blumenkranz.
Ein Motiv für freudige Gesichter.

DAMENWAHL

Wenn irgendwo die kleinste
Kleinigkeit auftaucht, die nicht
Ins Bild passt, wird sofort zugemacht.
Ja, so wählerisch ist nicht nur die Feinste
Unter all` den Damen. Auch die schlicht
Scheinen, verwenden so ihre Macht.

HERBSTFEST

Zwei Jungbullen
Spielen unterm Geäst.
Der Eine muss strullen.
Im Dorf gibt`s ein Fest.

Es kreist das Karussell
Und es kreisen meine Sinne
Um die ganze Welt.
Meine Ohren passen nicht unters Fell
Wenn du, wie eine Spinne
Das Netz festhält.

Ich suchte deine Lippen
Als die Gondel in den Himmel ragt.
Ich spüre an mir deine Rippen,
Deinen Blick, der mehr, mehr sagt.

HALDE

Dein beißender Spott
Mir die Ruhe nicht raubt.
Auf der Halde der Schrott
Erst langsam verstaubt.

Auch langsam die Falten
Sich in Dein Gesicht graben.
Züge, die noch halten
Dafür Bremsen haben.

Ungebremst aber kommt das Leben
Auf Dich und Deine Welten zu.
Nach Trost willst Du jetzt streben
Und suchst danach, wie die blinde Kuh.

PERLE
(für John Steinbeck)

So reich das Flor
Aus dem die Perlen stammen.
Liebste, dein Hals - Marmor
Mein Herz steht in Flammen!

Der Ozean-bleigrau.
Messerscharf die Riffe
Die Perlenfischer da so tauchen.
Sie tauchen für jede Frau,
Die sich macht Begriffe
Von der Lust, die sie brauchen.

Selten-höchst selten
Machen sie da unten einen Fund.
Daher ist ihr Glück so rar...
Doch nur so kann es gelten,
Wenn die Perle magisch-bunt,
Schillert dann bizarr.

PERLE NR.2

Diese Frau ist eine echte Perle
Umschlossen vom Muschelgrund.
Schaut genau hin ihr Kerle,
Wie süß umspielt ihr Mund.

Wer hat sie bloß weggeschmissen
Achtlos in die Gosse?
Wer hat sie nur verschlissen?
Eine selten dumme Posse.

Diese Frau ist eine echte Perle.
Sie glüht und sprüht vor Feuer
Aus Lindenholz und Schwarzerle.
Ihre Liebe brennt ungeheuer.

STRANDNIXEN

Das silberne Prickeln
Auf weiter Sommersee
Bis hin zum Horizont.
Um den Fingern wickeln
Und auch um den kleinen Zeh.
Ja, so dein Gemüt sich sonnt.

Dort bricht ein Kreuzschiff
Den hohen Wellenkamm.
Über mir ein Möwenschrei.
Eine Welle, ein Riff.
Eine Seife, ein Schwamm.
Ja, Strandnixen, die leben frei.

SPRUCHLIED NR.2

Gelegenheit macht Liebe.
Davon gab es nie genug.
Gelegenheit macht Diebe,
Oder einen Trickbetrug.

Gelegenheit macht Liebe.
Doch die ist oft nur schwach.
Gelegenheit macht Diebe.
Also, bleib` schön wach!

HIRSCH

Im Wald der Hirsch
Stieß auf `ne Lichtung.
Er röhrte wirsch…
Ist das denn Dichtung?

OHNE TITEL
(für Theo und Hilde Ollig)

Du spieltest mit dem Feuer.
Du spieltest mit dem Eis.
Das Leben war dir teuer.
Dein Tod nun der Beweis.

Nun nimm die Reise auf
In die unbekannten Gefilde.
Lass den Dingen ihren Lauf
Und grüß mir vor allem Hilde.

MARIANNE
(für Marianne Schnell)

Die Marianne, Marianne
Die hat `ne Bratpfanne.
Sie sind zum liebkosen.
Drum schenk` ich ihr Rosen.

Die Marianne, Marianne
Die hat `ne Badewanne.
Sie nimmt mich hinein
Bei einem Gläschen Wein.

EXPERIMENT
(für Friedrich Nietzsche)

Im Spiel des Lebens
Sind wir alle Experimente
Der alten Mutter Natur.
Nichts ist für sie vergebens.
Schule, Arbeit, Rente
Und dann die große Tour.

KONTROLLE

Das Leben ist verwoben
Aus Wunsch und Traum,
Aus Hoffen und Bangen.
Mal ist es ein Droben,
Mal ein Drunten, doch kaum
Wir Kontrolle erlangen.

OKTOBER

Papageienschwärme kreisen
Über der Platanenallee.
Die Leute schimpfen: So`n Radau.
Die ersten braunen Blätter weisen
In Richtung Schnee...
An der Böschung winkt `ne Frau.

Sie bleibt vor mir stehen
Und bückt sich nach dem Stock
Für ihr Schoßhündchen.
Dann lächelt sie im Vorübergehen.
Im Wind flattert ihr Rock.
Ich denk` an ein Schäferstündchen.

PAUSENLOS

Pausenlos die Leute zerknirschen
In Ihrer ständigen Ohnmacht.
Nirgends etwas zu pirschen.
Überall herrscht tiefe Nacht.

Doch das ist nur Gekräusel
An der Oberfläche
Des Weltenschaums.
Im Wind ein Gesäusel
Entlang der Heimatbäche
Entlang des alten Traums.

PRINZESSIN AUF DER ERBSE

Für Dich, liebe Prinzessin
Bin ich immer
Die Erbse unterm Stroh.
Viel Kalkül um den Sinn
Und keinen blassen Schimmer?
Ein Rätselraten, das macht froh.

GLOCKENBLUMEN

Du sagst: Schreib` doch mal `was über Glocken!
Doch ich schreibe lieber über Blumen.
Über Glockenblumen, die ich so liebe!
Deine schönen Glockenblumen mich so locken
Mit ihren rosigen Knospen-Krumen.
Ach, wie sie wild blühen diese Umtriebe.

LIEBESLATEIN NR.3

Ein Hund ist ein Hund
Und ein Falter ein Falter.
Der Falter, der ist bunt
Und der Hund ein alter.

JUGEND

Perlen vor die Säue
Hab` ich geschmissen
Und tat es mit einem Lächeln
Und tat es ohne Reue
Und tat es ohne Wissen.
Doch heute spüre ich das Hecheln.

SCHUSTER

Im Supermarkt gibt`s Flußkrebsschwänze
Die isst man mit feiner Majonaise.
(Was mich nicht weiter stört.)
Im Blumenladen-Rosenkränze,
Doch um den Schuster kein Gewese...
Niemand hat je von ihm gehört.

Der Schuster in seinem Laden sitzt
Mit dem Hammer in der Hand.
Er der Damen Sohlen flickt.
Er in Leder Formen ritzt,
Prüft den Halt, prüft den Stand.
Das macht er recht geschickt.

Auf seinem Rappen
Die Damen losmarschieren.
Unter seinem Wappen
Sie uns echauffieren.

Der Schuster kennt die harte Gasse.
Durch seine Hand wird sie zu Musik.
Das gibt den Frauen neue Klasse,
Doch die Gasse bleibt antik.

IM GRÜNEN GARTEN

Wenn mir mal wieder vom Meerbusen
Und Deinem Orinoco - Delta träumt,
Krieg` ich sofort eins übergebraten!
Ach, Liebste du willst nur schmusen,
Doch mir heiß das Blut aufschäumt.
Du sagst: Nimm in die Hand den Spaten
Und schaufel` im grünen Garten ein Loch.
Darin werden wir dich begraben.

DRACHENTÖTER

Elspeth:

O, du mein Drachentöter
Hast mein Leben gerettet.
O, du mein Schwerenöter
Hast mich auf Rosen gebettet.

Siegfried:

Man hat Dich mir geschenkt.
Das hat mich sehr geehrt.
Nur das Schicksal hat gelenkt.
Und so blieb ich unversehrt.

Elspeth:

Dein Sieg über den Drachen
Hat dich zu mir geführt.
Ich weiß, es ist zum Lachen,
Aber ich hab`s immer gespürt.

GALLE

Du malst meinen goldenen Mond schwarz
Und reißt meinem Kakadoo
Die Federn aus!
Dein Herz, ein bitt`rer Quarz,
Das Galle pumpt in die Abendruh`...
Du rufst: Galle, Galle sollst du trinken, Klaus.

VERGESS`NER MÄDCHENTRAUM

Ich ernte keine Lorbeeren
Und auch kein` Pfefferminz.
Für dich bleibt kein Begehren.
Für dich bin ich kein Prinz.

Ich bin ein Vogel im Baum
Oder sitz` auf `ner Antenne.
Ein vergess`ner Mädchentraum...
Ein Hahn und keine Henne.

Sanft läuft mir die Feder,
Wenn ich nach vorne blick`.
Heut` zieht ihr vom Leder.
Morgen schon ist`s Ungeschick.

Ich ernte keine Lorbeeren
Und auch kein Majoran.
Der Geist lässt sich verqueren.
Im Herz tobt dann der Wahn.

INS NACHTGRAU

Wir verschwinden ins Nachtgrau.
Wir verschwinden im Ungewissen…
Mir wird jetzt der Magen flau.
Dich möcht` ich nicht missen.

So geht`s Nacht über Nacht.
Auf dem Bett räkelt sich die Katze.
Auf dem Bett räkelt sich die Lust.
Die Lust hat eine Fratze.
Eine Fratze, die du kennen musst.
Eine Fratze, die auch noch lacht.

So geht`s Nacht über Nacht.
Hier flimmert Neon im Regen.
Hier steh`n die Autos im Stau.
Es flimmert Sternenlicht sacht.
Die Sterne auf Abwegen.
Auf Abwegen auch diese Frau.

Wir verschwinden im Nachtgrau.
Wir verschwinden im Ungewissen.
Niemand weiß es genau.
Niemand, sagst du beflissen.

DIAMANT

Du gehst heftig auf die Piste
Und jagst nach Diamant...
Hast eine rote Liste
Und doch nur Spatzen in der Hand.

BAUM

Deine Wurzeln greifen rein
In die Millionen alte Erde.
Du bist ein Baum, so sanft, so fein.
An Deiner Flanke gelehnt die Pferde.

GIMPEL

Die Welt ist durchwoben,
Von Liebe durchzogen,
Von Händel verschroben,
Von Händel belogen.

Doch wer will die nackte Blöße schon sehen?
Sie ist so furchtbar simpel...
Liebende kommen, Liebende gehen.
So pfeift`s im Baum der Gimpel.

MINNE

Die Leute schwätzen
Sich um die Sinne.
Sie vergrätzen
Mir dabei die Minne.

Wer nichts zu sagen hat,
Der macht der Worte viel.
So reden sie sich platt.
Es ist ein einziges Spiel.

Hier und da flattert ein Röckchen
Im Sommerwind, im lauen.
Füße ohne Söckchen.
Ja, da gibt es was zu schauen.

ZITRONENFALTER

Der Zitronenfalter
Faltet keine Zitronen.
Er ist kein Nüssespalter,
Möchte nicht bei dir wohnen.

Der Zitronenfalter
Faltet keine Zitronen.
Faltet keine Büstenhalter,
Hat keine Millionen.

Er ist ein einzig kleines Wesen,
Das kommt, um Dich zu beglücken.
Solltest Du das hier lesen,
Wird es Dich sicher verzücken.

MOGELPACKUNG

Natürlich gewonnen
Hast Du in diesem Spiel
Um Nebulöses.
Hab` mal so herum gesponnen.
Nicht zuviel...
Doch Du dachtest gleich an Böses.

VERZWICKT

Meine Güte ist das verzwickt:
Im Leben, wie auch im Traum.
Überall fehlt der rote Faden.
Manche sind recht geschickt,
Andere wissen`s kaum:
Chaos herrscht in diesem Laden.

BEGEGNUNG

Sollte, wollte ich, so tönt es in meinem Kopf
Mich einfach so an dich ranmachen?
Doch, wie, wenn es klappen soll?
Du sahst hinreißend aus. Dein wehender Schopf
Und dann dieses glockenhelle Lachen...
Entschuldige, stammel` ich: Toll!

RAPUNZEL

Mit Speck fängt man Mäuse.
Das wussten schon die alten Leute.
Auch in einem Schneckengehäuse
Wittert mancher fette Beute.

Eine Wohltat für die Sinne
Ist ein beschaulicher Tag zu zweit.
Eine warme Nuckelpinne
Für die nächste Mahlzeit.

Mit Speck fängt man Mäuse
Und so manchen Herzwurm.
Für die Fische gibt`s `ne Reuse.
Für Rapunzel den Turm.

BRASILIANISCHER NACHMITTAG
(für Christina Jesus de Oliviera)

Wir standen im Zoo
Und lachten über irgendeinen Firlefanz.
Vor uns pinkelten die Elefanten.
Es war diese Sache mit dem Jo-Jo
Und die Freuden beim Abendtanz,
Die uns die Flügel spannten.

IN FLAMMEN

Im Leben bist du knallhart
Und in der Liebe butterweich.
Wie passt das zusammen?
Deine Reden-blütenzart.
Du bist jung, schön, reich,
Und ich, ich steh` in Flammen.

AM TRESEN

Ich würde mich an einem Buch versuchen?
Nein, ich schreib` es nur...
Für dich und alle, die es lesen.
Du kannst es verbuchen
Unter: Stefans Ochsentour.
Der Rest ergibt sich am Tresen.

ANGELINA

Du erzählst mir was vom Mond
Über der hohen, rauhen See
Und, dass er Dich belohnt
Für Dein weh, weh.

Was hast Du gerungen,
Als Dich das Schicksal traf.
Mir haben die Ohren geklungen.
Du, das schwarze Schaf?!

Du erzählst mir was vom Mond
Und wie dich die Leute quälen.
Über seinem Leiden thront,
Der, der weiß zu wählen.

AUF DEM MARKT

Der Markt - so laut,
Doch still die Gassen.
Da steht Eine und schaut
Nach all` den Glitzermassen.

Im Gewühl` und Gedränge
Seh` ich ihre Blicke schweifen.
Heraus aus ihrer Jugendenge.
Nun gilt es zu begreifen...

Der Markt - so laut,
Doch still die Gassen.
Der Dichter schaut...
Auf das Tun und Lassen.

WELT

Heute, in dieser armen Welt
Haben die Leute kein Zuhause,
Keine Arbeit, keine Alte...
Für die Kneipe kein Geld.
Kein Geld für `ne Sause.
Diese Welt ist eine kalte.

DORN

Eine Rose verblüht.
Doch den Dorn
Sie behält.
Ich hab` mich bemüht...
Und lag schon vorn.
Heut` zählst Du das Geld.

AN DIE NACHT

Ich war traurig und verbittert
Und hing meinen Erinnerungen nach.
Die alte Piste da draußen - verwittert.
Keine Sonne im Wintergemach.

Ich staune nun über das Gift,
Das du in deine Worte mischt.
Wir trennten uns im Lift.
Ja, so die wilde Liebe erlischt.

Dass wir gleich Feinde werden müssen,
Hab` ich nicht gedacht...
Komm, lass uns noch mal küssen
In dieser schönen Winternacht.

HUPFDOHLE

Ich sitze an der Mole
Und schau` aufs weite Meer.
Da kommt eine Hupfdohle
Und hüpft so frech daher.

Ich nehm` sie an die Hände
Und geb` ihr einen Kuss.
Sie schenkt mir ihre Lende,
Was ich begreifen muss.

Sie trägt offen ihre Unterwäsche
Und quietscht vor Vergnügen.
Ich schlage für sie `ne Bresche
Mit zwei vollen Bierkrügen.

Ich sitze an der Mole
Und schau` aufs weite Meer.
Vom Hafen her tönt Gejohle.
Mit Hupfdohlen ist Verkehr.

ABEND NR.2

Wenn das Licht Scherenschnitte
In den klaren Himmel schneidet
Aus Antennen und Ästen
Und sich das Sonnenrot in der Mitte,
In dem der Tag nun scheidet,
Ergießt in rauschenden Festen.

ABEND NR.3

Wenn sich die Nacht das eisgraue
Leopardenfell überstreift,
Beginnst Du vorm Spiegel die Jagd.
Noch weht der Sommer laue
Brisen und seift
Sich und Dich, Du wilde Magd!

FLAMINGO

Sieh, da du stakst
Durch die Gemeinde,
Wie ein Flamingo
Durch den Fluss.
Und überragst
Locker deine Feinde
Und schau nur: Bingo!
Da kommt der erste Kuss.

TAGELIED NR.5

O, ihr lieblichen Elfen
Im Herzen weiß, wie Schnee.
Kein Gemaule und Geschrei.
Ihr wisst mir zu helfen,
Wenn ich lieg` nachts im Sommerklee
Und träum` so süß dabei.

TAMAIMO

In des Mondes vollem Schein
Sitz` ich im Sommergarten.
In dem Dorf, da quietscht ein Schwein.
Von dem lässt sich nichts erwarten.

Wolken – windzerrissen.
Hier und da ein Stern.
Ich suche mir ein Kissen.
Irgendeiner sieht jetzt fern.

Noch sitz` ich so da eine Weile.
Im Dorf, da tönt Applaus.
Der Mond hat keine Eile.
Ich geh` zurück ins Haus.

VERRENKT

Was hab` ich mir den Hals verrenkt
Nach all` den schönen Punzen.
Doch alle Liebesmüh` - vergeblich...
Nicht ein Blick wurd´ mir geschenkt.
Die undankbaren Schlunzen
Hochnäsig, kalt und überheblich.

SO ODER SO

Mir fehlt die Spucke
Mir fehlen die Worte.
Ja, ja ich weiß: Eine Glucke
Ist keine Sahnetorte.

Ich hab` gehämmert, geschmiedet
Gebohrt und gefeilt.
Mein Leben befriedet.
Auch Küsschen verteilt.

Dann kamst Du daher.
Ein Schuss in den Ofen.
Die Magazine sind leer.
Mensch, lass uns schwofen!

SCHRANKEN

Wie ein Ameisenstaat
Krabbeln mir die Gedanken
Durch den Kopf...
Hier und da eine Saat.
Hier gibt es keine Schranken,
Schreit flugs der Wiedehopf.

TRAUERWEIDE

Ein Mann geht herunter zum Fluss.
Er sieht dort eine Frau am Ufer steh`n.
Er weiß, dass er sich beeilen muss,
Denn der Wind beginnt zu weh`n.

Doch gemach, der Himmel ist blau
Und die Trauerweide treibt schon aus.
Sie dreht sich um, lächelt, die Frau.
Der Mann geht zurück ins Haus.

Der Mann weiß, dass es zu Ende geht
Mit seinen Jugendfreuden und Leiden.
Doch, was er nicht weiß, wie es weitergeht
Mit den Frauen und den Trauerweiden.

ERDBEEREN

Erdbeeren leuchten im verborgenen Garten.
Ich küsste Deinen Mund, so feucht die Lippen.
Der Sommer verbietet sinnloses Warten.
Der Winter legt Dir Kummer auf die Rippen.

Erdbeeren sich prall der Erde neigen.
So süß, so saftig, der Keller so warm.
Verliebte im Augenblick genießend schweigen.
Wir bestäuben uns mit Erbeercharme.

Erdbeeren über Erdbeeren wachsen im Tal.
Es verrutschte Dein Kleid-ein Stückchen weit
Und tief unten im feuchten Gral
Das Skelett der Toten mahnt an die Zeit.

TAMAIMO NR.2

Droben in Alfredos Garten,
Wo Blumen stehen und Lüfte blauen,
Wollte meine Señorita warten,
Um mit mir die Liebe zu beschauen.

Wilde Hunde folgten mir zu Füßen,
Als ich durch das Portal eilte im Laufschritt.
Ich stürzte, folgte ihrem Duft, dem Honigsüßen.
Eine Romanze, bis ich in ihre Arme glitt.

Der Ewigkeiten Atem, die mächt`gen Gefühle,
Der Schweiß, die Poren offen, ja, so klingt das Lied:
Ihre Lippen lechzen im Gewühle...
Señorita, schenk` mir deinen Beat!

TAGELIED NR.6

Ach, holde Erdentochter mein
Gib mir Deinen Segen...
Ich werd` so für ewig Dein
Und lauf` mit Dir im Regen.

TAGELIED NR.7

Leg Dich bitte an meine Seite
Es ist so einfach, so banal.
Es wird zu einem Moment in der Weite...
Zu einer Liaison fatal.

TAGELIED NR.8

Schwäne schwimmen auf dem Teich.
Ein Boot voll junger Leute...
Die Mondessichel schon ganz bleich.
Hinschauen war es, was man scheute.

FRAU BOLLE

Supi, supi, wirklich wahr!
Der Typ hat Kohle, zahlt in bar.
Sieht gut aus und hat Manieren.
Und Humor hat er zum hantieren.

Supi, supi denkt Frau Bolle
Und ist schon von der Rolle.
Habe ich erst Haus und Alimente,
Dann schick` ich ihn in Rente.

ERWACHSENLICHUNG

Du kniest vor dem Kleiderschrank.
Vor dem Berg aus Schuhen...
Doch die Fülle machte Dich krank.
Du wolltest nur noch ruhen.

Guido sprach auf seiner Hochzeit
Zu mir im Vertrauen:
Alles geht besser zu zweit.
Zu zweit lässt sich `was aufbauen.

Und so kann ich nicht allein
bleiben. Das ist nicht richtig.
Allein, so ganz allein sein,
Nein, Gesellschaft ist mir wichtig.

Kinder, eine Frau, ein Haus...
In der Gosse nur die Spieler bleiben.
Das dachte auch Peter und Klaus:
Zu den Sternen nur die Spieler treiben.

NYMPHE

Der Nymphe ich einst besoffen
Pinkelte ans linke Bein...
Sie schrie davon betroffen:
Muss das denn wirklich sein?

ABENDKLEID

Mir schien es mithin,
Als stünde still die Zeit.
Alles machte Sinn…
Vor allem du im Abendkleid.

Hier ein Klunker, da eine Falte
Und dazwischen viel Haut.
Viel Leidenschaft, kalte
Leidenschaft, die umhaut.

Wir sitzen im Taxi zum Hotel.
Auf der Strasse wird gekehrt.
Dann geht alles blitzschnell…
Das Abendkleid bleibt unversehrt.

PARISER FLAIR

Hier im Pariser Flair
Laufen die Leute durch den Regen.
Das ist nicht so schwer,
Denn sie sich elegant bewegen.

Hier in den Metroschächten
Spielen Musikanten: Bongo-Bongo.
Auf ihren Trommeln, die echten
Aus dem wilden Kongo.

Ein Chinese saß im Banlieu.
Ich glaub` es war im dritten Stock.
Seine Liebste sagte ihm: Adieu
Und kaufte sich `nen Rock.

Ja, im alten Chartier marais
Rauchen die Damen Zigarren.
Du denkst jetzt sicher: Bäh!
Doch sie sind zum vernarren.

SCHOCK

Dein Rock - genäht aus Nappa-Leder.
Ich knackte mir ein Hanse-Gold.
Du hieltest in der Hand `ne Feder
Du hieltest in der Hand den Sold.

Wir trafen uns in der Eisdiele.
Du hast da bedient...
Du kanntest ja so viele,
Die sich dir angedient.

Dein langes, blondes Haar
Und dieser, scharfe Rock.
Den du für mich ausgezogen...
Das war viel, na klar.
Das war ein Schock.
Doch wir haben es hingebogen.

VERLIEBT

Mich lässt es nicht mehr los:
Dieses um dich bangen.
Meine Liebe, die ist groß.
Du kannst sie erlangen.

Du kannst mich erlegen.
Sag` es Amor mit dem Pfeil.
Das wird dich erregen,
Denn Jagen, das ist geil.

Mich lässt es nicht mehr los:
Liebe und die anderen Dinge.
Verliebt - sein ist famos.
Zwei Herzen auf einer Schwinge.

ZIRKUS NR.2

Der Zirkus kommt
In eure Stadt.
Wenn Liebe frommt,
Dann macht sie glatt.

Doch jetzt zeigen sie dir den Tiger
Und Du weißt sofort:
Der möchtest Du sein, ein Sieger
Ein König vor Ort.

Da kommen sie mit brennenden Reifen,
Mit großen Peitschen und Geschrei.
Der wütende Atem zum Greifen.
Der Tiger rennt an dir vorbei.

Du aus dem Zirkus kommst
In eurer Stadt.
Du Deine Liebste anfrommst.
Doch sie liebt den Tiger anstatt.

HAUSDRACHE

Bei Fiorina
Hat Freddy nichts zu lachen.
Denn die holde Ballerina
Entpuppt sich als Hausdrachen.

OHNE TITEL

Die Muschelfischerin
Siebt in der schwülheißen Sonne den Sand.
Ich döse im Schatten.
Meine Kartenmischerin
Hat gerade etwas in der Hand...
Wir sonst nichts zu tun hatten.

GEMEINSAM/EINSAM

Wir leben hier gemeinsam
Und doch bleiben wir allein.
Ein jeder von uns ist einsam.
Muss das denn so sein?

Im Käfig aus Traditionen
Herrscht Du mit voller Wucht.
Im Käfig der Konventionen.
Wilde Liebe - nur Sehnsucht?

Wir leben hier gemeinsam
Und doch bleiben wir allein.
Ein jeder von uns ist einsam
Und dass im Kämmerlein.

NACHTGEDANKEN
(für Walther von der Vogelweide)

Unter den Linden
Lag ich einst allein
Und war recht frohgemut.
Etwas wird sich schon finden.
O, lass es eine Pause sein...
So zu leben, ist doch gut!

Inhaltsverzeichnis